AF363816

NOTICE

SUR

ÉMILE AUGIER

PAR

M. EMBLARD

VALENCE

IMPRIMERIE DE JULES CÉAS & FILS

—

1890

L²⁷n
9055

NOTICE

SUR

ÉMILE AUGIER

Le 25 octobre 1889, les lettres françaises éprouvaient une perte cruelle : Emile Augier, notre éminent compatriote, mourait à Croissy (Seine-et-Oise), dans une maison de campagne où il a passé une partie de sa vie.

Guillaume-Victor-Emile Augier, était né à Valence, le 18 septembre 1820, dans une maison située Place Royale, dit son acte de naissance ; il était le fils de Joseph-Victor Augier, avocat, et de Anna-Honorine Pigault-Lebrun. L'acte de l'état-civil porte la signature du fameux romancier précurseur de Paul de Kock. M. Victor Augier s'était créé une situation au barreau ; il avait eu, en compagnie de Mᵉ Mazade et de Mᵉ Massonet, de spirituelle mémoire, maille à partir avec le Parquet, à la suite de la publication d'une brochure dans laquelle ces honorables avocats critiquaient le mode de procéder du Juge d'instruction et du Procureur du roi dans une affaire criminelle. A cette époque, nous l'avons vu récemment encore, les rapports n'étaient pas toujours très tendres entre le Parquet et le Barreau. Par jugement du 19 février 1817, le Tribunal de Valence prononça l'interdiction contre les trois avocats pendant trois mois.

Victor Augier rédigea un *Mémoire* pour son beau-père, Pigault-Lebrun, contre un sieur Guichard, imprimeur à Avignon, inculpé de complicité du délit d'éditions contrefaites. La question de la propriété littéraire y est traitée avec une grande élévation. Victor Augier a placé comme épigraphe cette pensée de Pigault-Lebrun :

« Ma pensée est à moi, elle est inhérente à mon être ;
« elle en est la partie essentielle ; aucun événement
« privé ou politique ne peut m'en dépouiller. Si j'ai
« écrit et bien écrit, ma pensée me survit, elle traverse
« les âges et je suis toujours moi. Voilà une propriété
« vraie, certaine, incontestable, la seule même qui
« existe réellement. »

Victor Augier est l'auteur de la *Biographie Dauphinoise*. Cet ouvrage fut annoncé par un prospectus imprimé chez Marc-Aurel et intitulé *Biographie Dauphinoise* ou *Notices historiques* sur les hommes les plus remarquables par leurs vertus, leurs talents, leur courage ou leur industrie, qui sont nés, ou qui ont figuré dans le Dauphiné, depuis sa réunion à la France jusqu'en 1821(1). La rédaction de l'ouvrage est confiée à M. Victor Augier, avocat à Valence, membre de la Société Philotechnique de Paris, auquel seront adjoints des littérateurs distin-

---

(1) Archives de la Drôme.

gués. Prix de l'ouvrage : six francs. On avait réuni un certain nombre de souscripteurs. Il y avait 101 notices terminées, dont 70 dues à la plume de Victor Augier. Il compta parmi ses principaux collaborateurs MM. Dupré, Bergeret, Dochier, Berger, avoué, Boveron-Desplaces. J'ai eu entre les mains, grâce à l'obligeance bien connue de notre savant collègue, M. Lacroix, une partie des épreuves de l'ouvrage, mais il ne parut pas.

Victor Augier fut l'avocat et le collaborateur de Dourille de Crest, éditeur des *Tablettes de la Drôme*. Cette revue n'eut pas une longue existence. Dourille fut cité devant le Tribunal de Valence pour contravention à la loi du 17 mars 1822. L'ouvrage fut supprimé.

Victor Augier attacha son nom à un procès criminel qui se déroula devant les assises de la Drôme pendant la Restauration. Il s'agit du procès Saladin : Empoisonnement d'un prêtre par le moyen des saintes Espèces. Il publia sa plaidoirie qu'interdit la censure.

Vers 1827 ou 1828, Emile Augier se rendait à l'école dirigée par M. Rocherie, en compagnie de son cousin, M. Vernet (1), et presque chaque jour Pigault-Lebrun, ce romancier trop licencieux, mais le modèle des maris et le plus tendre des pères, allait les chercher après la classe du soir. Lorsqu'ils avaient été sages, Pigault-Lebrun leur donnait une double récompense : des bonbons chez Mme Gauthier et des sous pour les distribuer aux pauvres. Emile Augier fut envoyé à Paris terminer ses études classiques au collège Henri IV ; il y

---

(1) Qui habite actuellement Bourdeaux et de qui nous tenons ces détails.

devint le condisciple du duc d'Aumale avec lequel il se disputait les premiers prix. Déjà son goût pour les lettres était très vif et commençait à inquiéter son père qui le destinait au barreau. Augier fit consciencieusement son droit et entra chez M⁰ Masson, avoué à Paris ; mais il était rétif aux subtilités du Code et aux paperasseries de la procédure. Il employait son temps à écrire des pièces de théâtre, qu'il déposait religieusement chez les concierges de l'Odéon et du Théâtre Français.

Son premier collaborateur fut un jeune avocat. Ils allèrent tous deux frapper à la porte du père Dutertre, directeur de l'Ambigu comique. On disait alors le père Dutertre comme on disait le père Bugeaud. C'était un ancien soldat, d'humeur assez rude, un original : au demeurant le meilleur fils du monde. Un des auteurs lut ce manuscrit. C'était un drame moyen âge : *Charles VIII à Naples*. Le père Dutertre écouta religieusement et refusa net. Les deux collaborateurs sortirent navrés. « Tout compte fait, dit le lecteur, je reprends ma robe, j'abandonne le théâtre. Et toi ? moi, réplique Emile Augier, je vais écrire une autre pièce (1). »

Le collaborateur d'Emile Augier était M⁰ Nogent-St-Laurent qui arriva à occuper une place fort honorable au barreau de Paris.

L'autre pièce était *La Ciguë*, comédie en deux actes, en vers, représentée avec succès sur la scène de l'Odéon, le 13 mai 1844, après que le Théâtre Français l'eut refusée. *La Ciguë* est sous la forme d'un élégant

---

(1) Jules CLARETIE.

pastiche des mœurs antiques, une première leçon de morale, donnée à l'indifférence égoïste et à la vieillesse prématurée des jeunes gens de notre époque. Cette œuvre est justement considérée comme une des plus parfaites qu'ait écrites Emile Augier (1).

Le 18 novembre 1845, *l'Homme de bien*, comédie en trois actes, en vers, était représentée au Théâtre Français. Elle obtint un demi-succès à cause du personnage principal « qui n'est pas sympathique, parce qu'il offre « le type d'un nouveau genre d'hypocrisie, celle de la « conscience (2). »

Le 23 mars 1848, parut l'*Aventurière*, cinq actes, en vers ; cette comédie obtint un immense succès et mit Augier au premier rang de nos maîtres de la scène. Cette pièce, exubérante de jeunesse et de couleur, racontait une histoire d'amour originale et étrange. Elle a conservé, après de longues années, sa saveur du premier jour. C'est le plus grand hommage rendu à l'excellence du foyer domestique.

Le 23 février 1849, le Théâtre des Variétés représentait *l'Habit Vert*, proverbe dû à la collaboration d'Alfred de Musset et d'Emile Augier. La pièce parut charmante et réussit.

L'année suivante au Théâtre Français, *Gabrielle*, comédie en cinq actes, en vers, fut en ce genre le triomphe d'Emile Augier. Dans cette pièce il sacrifiait l'amant et mettait la poésie dans la famille. L'Académie lui dé-

---

(1) VAPEREAU.
(2) *Camées artistiques*, Félix JAHYER.

cerna le prix Montyon qu'elle partagea avec *la Fille d'Eschyle,* de Joseph Autran (1).

Le 19 décembre 1850, il donnait *le Joueur de Flûte* au même théâtre. Cette pièce qui parut une imitation de *La Cigüe* fut moins applaudie que le modèle.

Le 16 avril 1851, *Gounod* se révélait à l'Opéra avec un ouvrage en trois actes, *Sapho*. Le poème était d'Emile Augier. Prenant *Sapho* sous son côté passionné, Augier avait bâti une légende toute d'imagination, donnant au musicien des situations élevées et poétiques, propres à favoriser l'essor de son génie ardent et de son large style.

Je citerai une strophe inédite du poète Alcée, un des personnages de Sapho :

<blockquote>
Tremblez tyrans, forgeurs de chaines,
Mangeurs de peuples pâlissez,
Du sang qui coule dans nos veines,
Monstres si longtemps engraissés !
Il vient une heure ou chaque fibre
Se révolte au cœur généreux,
Et crie à l'homme qu'il est libre,
Et n'a pour maitres que les Dieux.
    Que le bras se lève
    Pour les maux soufferts,
    A défaut de glaive
    Brandissons nos fers !
</blockquote>

Cette strophe fut coupée par la censure.

Diane parut le 19 février 1852, au Théâtre Français; c'était un drame dans toute l'acception du mot. Il fut écrit pour Rachel et ne réussit pas, malgré le talent

---

(1) Vapereau.

déployé par l'actrice, qui trouva dans Geffroi un parte-
naire digne d'elle et à la hauteur du rôle redoutable
de Richelieu.

Le 2 août (1852), Emile Augier se présentait aux
suffrages de ses concitoyens comme candidat au Conseil général de la Drôme dans le canton de Bourdeaux.
Il obtint 821 voix sur 919 votants. En cette qualité il fut
désigné pour faire partie de la Commission des Archives avec MM. Plan, Itier et Brunel. Le 27 août 1852, le
Conseil général de la Drôme votait, sur son rapport,
l'acquisition d'immeubles destinés à recevoir les archives
départementales. Le 26 mai 1855, Emile Augier donna
sa démission.

Mais les travaux du Conseil général ne le détournaient
pas de sa carrière dramatique. Le 19 mars 1853, il faisait
jouer au Gymnase, *Philiberte*, charmante pièce de genre,
où la grâce des détails suppléait au vide de l'action.

Le 23 décembre (1853), le Théâtre Français représentait une comédie en cinq actes, en prose, *la Pierre
de touche*, en collaboration avec Jules Sandeau.

« Ces deux rares talents, l'un d'une inspiration si
« mâle, l'autre d'un grain si fin, étaient d'ailleurs ab-
« solument faits pour se comprendre et se compléter.
« L'auteur de *Sacs et parchemins*, écrivain délicat, ana-
« lyste touchant, moraliste pénétrant et ému appor-
« tait à Augier des tendresses de sentiment qui s'al-
« liaient admirablement aux qualités robustes et har-
« dies de l'homme qui a signé *le Mariage d'Olympe* et
« *les Effrontés* (1). »

---

(1) CLARETIE. — *Biographie d'Emile Augier*.

Cette pièce n'obtint qu'un succès d'estime. Mais les deux auteurs prirent une brillante revanche avec *le Gendre de M. Poirier*, comédie en quatre actes, en prose, représentée au Gymnase le 8 avril 1854. C'est un chef-d'œuvre de finesse, d'observation et d'esprit. Le sujet est admirablement choisi : Il met en présence la noblesse et la bourgeoisie se livrant un dernier combat avant d'arriver à se fondre dans une existence commune (1).

Le 3 février 1855, il donne au Gymnase, *Ceinture dorée,* en collaboration avec Edouard Foussier, un demi-succès.

Emile Augier allait revêtir une forme nouvelle dans *le Mariage d'Olympe*, 17 juillet 1855. Il combat la réhabilitation de la courtisane et s'écrie : « il faut une punition pour *la Fille de Marbre*, pour *la Dame aux Camélias*, pour *Marion*. » A la première représentation *Olympe Taverny* tombait sur la scène tuée par son amant, après l'avoir averti qu'elle déshonorerait son nom. Mais ce dénouement faillit compromettre la pièce, et à la seconde représentation la scène se passa dans la coulisse.

Les nombreux succès d'Emile Augier l'avaient désigné aux suffrages de l'Académie Française. Il fut nommé, en remplacement de M. de Salvandy, vers la fin de 1857. Il prononça son discours de réception le 28 janvier 1858. Ce discours est à peu près rempli par l'éloge de son prédécesseur ; dans une péroraison remarquable et avec une mâle éloquence, il flétrit les lâches attentats des révolutionnaires auxquels un avocat illustre allait, dans

---

(1) Félix Jahyer.

une plaidoirie demeurée célèbre, chercher à élever un piédestal (1).

Augier entra à l'Académie malgré l'opposition de Villemain. Il venait d'être élu directeur pour trois mois, suivant l'usage. Comme tel, suivant l'usage aussi, la tâche lui incombait de recevoir, le cas échéant, le collègue qui succéderait au décédé et de parler dans son discours du nouvel et de l'ancien académicien. Emile Augier aborda M. Villemain déjà malade à cette époque et lui demanda des nouvelles de sa santé : Mauvaise, répondit l'illustre secrétaire perpétuel, peut-être serai-je mort avant trois mois. Je ne vous le conseille pas, repartit Augier en souriant.

Le 6 février 1858, *la Jeunesse*, comédie en cinq actes, en vers, était représentée à l'Odéon ; le poète chante le bonheur des champs et cherche à décourager les ambitions qui naissent dans la grande ville. Cette comédie obtint un grand et légitime succès.

Coup sur coup, Emile Augier donna deux grandes comédies ; la première, *les Lionnes pauvres*, le 22 mai 1858, au Vaudeville, était un vrai drame d'une conception hardie contenant une leçon salutaire pour les jeunes femmes. La seconde, *Un beau mariage,* le 5 mai 1859, au Gymnase, succès d'estime. Ces deux pièces furent écrites en collaboration avec Edouard Foussier.

Nous arrivons maintenant à une grande étape dans la carrière d'Emile Augier. Le 18 janvier 1861, *les Effrontés*, comédie en cinq actes, représentée à la Comé-

---

(1) Plaidoirie de Jules Favre, affaire Orsini.

die-Française, vint mettre en jeu toutes les passions. L'auteur attaquait les deux grandes puissances du moment : la finance et le journalisme.

Mais la comédie qui suivit *les Effrontés*, *le Fils de Giboyer*, souleva bien d'autres polémiques. L'auteur disait dans la préface placée en tête de son œuvre : « L'antagonisme du principe ancien et du principe nouveau voilà donc tout le sujet de ma pièce. » Quoi qu'on en ait dit, cette comédie n'est pas une pièce politique dans le vrai sens du mot, mais une pièce sociale. « Certes, dit François Coppée, il condamne l'ancien régime, mais sa sympathie pour les vaincus est indéniable et, tout en raillant leurs ridicules, il leur laisse toujours de la dignité ou du moins quelque grâce. »

« *Giboyer* c'est l'homme pauvre et instruit, mourant
« de faim avec un diplôme dérisoire dans la poche de son
« habit râpé, c'est l'intelligence vassale du sac d'écus.
« Prenez garde à ce bohème ! Le poëte généreux pour
« ceux qui souffrent, lui a laissé au cœur un grand senti-
« ment, l'amour paternel, mais combien de *Giboyer* n'y
« portent que la révolte et que la haine. Derrière les
« ironies effrontées de *Figaro* gronde l'orage de 1793.
« Il y a toujours des riches égoïstes et durs, et des
« pauvres cyniques et envieux. Augier a du moins posé
« le problème. Ce sera son éternel honneur (1). »

Victor de Laprade attaqua violemment, dans le *Correspondant*, la nouvelle comédie et prit son auteur à partie dans une pièce de vers. Je n'en citerai qu'un

---

(1) François Coppée.

extrait, il montrera à quel degré d'acuité la polémique était arrivée :

> O jeunes pourfendeurs de ces vieux qu'on vous livre,
> Les gens que vous tuez pourraient bien vous survivre ;
> Ils sont vaincus, c'est vrai. Vous auriez des remords,
> Ennemis généreux, de cracher sur des morts.
> Qui sait ! muses ! qui sait si tous ces anciens cultes
> N'auront pas votre encens ayant eu vos insultes ?
> Thalie a plus d'un air encor à fredonner ;
> Et quand on fut chenille on peut papillonner :
> Les destins sont changeants ; vous avez des caprices,
> Et peut-être un beau jour vous mordrez vos nourrices.
> Si l'on ouvre un pari je tiens tous les enjeux,
> Muses recommencez vos agréables jeux,
> De louer une loge on fera la folie,
> Si l'auteur est comique et l'actrice jolie,
> Hypocrite ou ganache on peut rire à ce prix.
> On a peu de colère ayant trop de mépris !

Emile Augier répondit par une lettre, publiée dans l'*Opinion Nationale* : « Je n'ai rien de commun avec les Pégases de Cour et je me sens fort à mon aise pour vous dire que je vous trouve bien dur pour ces pauvres animaux. Il y a quelque chose de pire que de lécher la main qui vous nourrit, c'est de la mordre, c'est ce que vous avez fait, Monsieur, ne l'oubliez pas. Vous vous délivrez en assez mauvais style un certificat d'héroïsme, vous vous mirez dans votre destitution comme dans une démission ; mais que votre muse ici me le permette il y a ici une légère différence : c'est qu'on vous verrait encore émarger à ce gros budget, au nez duquel vous faites aujourd'hui une moue magnanime, si le gouvernement que vous attaquiez d'une main en recevant son argent de l'autre n'avait arrêté votre petit commerce. Je ne peux donc, malgré la meilleure volonté du monde, partager votre admiration pour votre caractère, ni vous ranger parmi les hommes que vous nous *représentez fier d'un serment unique*, car vous en avez prêté au moins un et vous l'avez mal tenu. Ne touchez pas au fouet de Juvénal avec lequel vous vous donnerez encore sur les doigts et revenez modestement à cette lyre sourde qui a si longtemps célébré le panthéisme, Monsieur le clérical.

Eugène de Mirecourt, Barbey D'Aurevilly, Veuillot partirent en guerre contre *le Fils de Giboyer*. Emile Augier dédaigna leurs attaques. Ses adversaires ont usé du droit de réponse assez largement pour qu'ils ne puissent pas se poser en vaincus.

Le 19 octobre 1864, le Théâtre Français représentait *Maître Guérin*, comédie en cinq actes ; le caractère du notaire de campagne y est conçu, dessiné et fouillé de main de maître. Cette forte étude est gâtée par la dureté du fils pour son père. Le 17 mars 1866, à l'Odéon, *la Contagion*, cinq actes, grand succès qui se propagea sur les scènes de province.

Le 25 janvier 1868, *Paul Forestier*, quatre actes, en vers ; 1ᵉʳ mai 1869, *le Post-Scriptum*, un acte ; 6 décembre 1869, *Lions et Renards*, cinq actes, demi-succès ; 29 décembre 1873, avec Jules Sandeau, *Jean de Thomeray*, succès de genre ; 1ᵉʳ février 1876, *Mᵐᵉ Caverlet*, au Vaudeville, drame profond et humain ; Le 8 avril 1878, *les Fourchambault*, à la Comédie-Française ; grand succès de pièce et d'acteurs.

Emile Augier collabora avec Labiche ; il écrivit *le Prix Martin* et *Moi*, pour le théâtre du Palais-Royal. Il a rédigé en guise de préface au théâtre de Labiche, son ami, quelques pages qui ont été pour beaucoup dans son élection à l'Académie Française. En 1856, il publia un volume de poésies : *Les Pariétaires.*

Il convient d'ajouter à cette énumération des œuvres d'Emile Augier : *Les Méprises de l'Amour*, comédie en 5 actes, en vers, composée après *La Cigüe* et qui ne fut pas représentée.

Au moment où il fut obligé de s'aliter pour ne plus se relever, il mettait la dernière main à une comédie en 5 actes.

Emile Augier avait été chargé de répondre à Emile Ollivier, élu membre de l'Académie Française. Pour des raisons dont je n'ai pas à parler et que j'ai encore moins à apprécier ici, la séance publique n'eut pas lieu. Le *Figaro* du 7 mars 1874, contient le discours d'Emile Augier. Qu'il me soit permis de citer le début : « Par quelle fantaisie le hasard, pour vous répondre, a-t-il désigné, dans une compagnie où l'on compte tant d'hommes d'Etat éminents, un des rares Français qui n'aiment pas la politique ? C'est sans doute une infirmité de mon esprit ; mais plus j'avance en âge, plus je suis tenté de la mettre au nombre des sciences inexactes entre l'alchimie et l'astrologie judiciaire. Les événements ont tant de fois déjoué les calculs les plus spécieux, ils ont si brutalement convaincu d'erreur ses principes les plus opposés, qu'on n'est plus à se demander où est la vérité, mais s'il y a une vérité.

« On raconte qu'une Minerve antique fut retrouvée, pièce à pièce, par des fouilles successives, sur un espace de terrain considérable. Chacun des heureux inventeurs fit achever par un statuaire de son pays, chaque tronçon découvert, de sorte qu'on eut dix statues médiocres enchassant chacune un morceau du chef-d'œuvre ainsi condamné à la dispersion définitive.

« Ne serait-ce pas un peu l'histoire de la vérité ? Chaque parti en possède un morceau autour duquel il a modelé tout un système ; chaque parti adore son œuvre et déteste celle du voisin ; on se hait, on se méprise, on se bat pour ou contre un fragment de vérité, quand il serait si simple de rassembler les membres épars de la déesse et de la reconstituer sur son piédestal ! »

Emile Augier était justement préoccupé du rôle social de l'auteur dramatique et j'en trouve la preuve dans une vieille lettre qu'il adressait à M. Pitre Chevalier, qui lui demandait pour le *Musée des familles* une étude sur Molière :

« J'ai commencé trois fois le portrait de Molière, et trois fois je l'ai jeté au feu. Je n'ai pas la faculté de choisir mon point de vue. Quand je suis sous l'empire d'une idée, elle sort de ma plume malgré moi ! Or, ce qui me frappe aujourd'hui dans Molière, c'est le philosophe et le socialiste. Son libertinage, pour employer le mot du temps, m'apparaît à chaque page de son œuvre, sous les préoccupations dont il a été obligé de l'envelopper. Mais ce n'est pas en quelques colonnes, ce n'est pas surtout dans le *Musée des familles* que cette restitution peut avoir lieu (23 février 1863).

L'œuvre d'Augier grandira en vieillissant ; elle est écrite dans une langue forte et claire, à l'abri des caprices de la mode. Son esprit éminemment français, qui n'empruntait rien ni à *Lope de Vega,* ni à *Gœthe*, ni à *Shakespeare*, qui prenait sa langue dans *Rabelais*, dans *Montaigne*, dans *Beaumarchais* avait toujours eu une allure indépendante. Il peignait ses contemporains sur le vif. Chez ce grand rieur la larme est souvent près du rire.

De l'homme privé il y a peu de choses à dire. Il a vécu longtemps auprès de son excellente mère qu'il adorait et entre ses deux sœurs (1). Il détestait le bruit et la réclame; à un écrivain qui se proposait de publier sa biographie, et qui lui demandait quelques renseignements, il répondait : « Je suis né à Valence, en 1820, et depuis il ne m'est rien arrivé ! »

Rappelons les circonstances de son mariage, circonstances qui ne sont connues que de ses intimes. Après la guerre, Augier fit une longue et cruelle maladie. Lorsqu'il fut en convalescence, sa famille lui fit faire un voyage en Italie pour se rétablir et se marier. C'était en 1873 : Augier arriva à Rome. Il se logea rue de Babuino, à deux pas de la princesse de Sayn Wittgenstein-Beslebourg, dont le salon était le rendez-vous des cardinaux et des prélats. Un jour qu'il dînait à la villa Médicis, dont son ami Hébert, comme lui Dauphinois, était le Directeur, Hébert le présenta à Mgr Termoz, prélat romain, esprit fin et distingué. Augier et sa future femme recoururent avec simplicité à son ministère et la bénédiction nuptiale

---

(1) Dont l'une, Mme Déroulède, est la mère du poète *des Chants du Soldat*, *de l'Hetman*, etc.

leur fut donnée à Sainte-Marie-du-Peuple. Le peintre Hébert et Amaury Duval furent les témoins d'Augier (1).

Emile Augier, était depuis 1870, grand officier de la Légion d'honneur.

« A présent, sur les hauteurs boisées d'où il pouvait
« voir sa maison, dans un petit cimetière de village, il
« repose (2).

« Après la solennité des pompes religieuses, l'éclat
« des grands honneurs militaires, le tumulte sympa-
« thique et brutal des foules, ses amis l'ont ramené à la
« campagne paisible qu'il habitait.

« Il est là, le vieux maître, dans la sérénité de la
« solitude et du silence, réuni à ceux qui l'avaient aimé,
« attendant ceux qu'il aimait, restant ainsi par delà le
« tombeau semblable à lui-même, et autant que Dieu
« le permet, renouant après sa mort les chères habitudes
« de sa vie. »

---

(1) Paul Roche, dans *Le Gaulois* du 26 octobre 1889.
(2) Pailleron.

EMBLARD.

Valence, Imprimerie Jules Céas et fils.

www.ingramcontent.com/pod-product-compliance
Lightning Source LLC
LaVergne TN
LVHW011503170726
843501LV00009B/3578